Índice

Rourke Educational Media
A Division of Carson Dellosa Education
rourkeeducationalmedia.com

¿Puedes encontrar estas palabras?

bosque

excursionistas

hojas

tronco

¿Qué hay en el bosque?

Hay muchos árboles en el **bosque.**

Un conejo juega cerca de uno de los árboles. El conejo está en el bosque.

Un búho está posado en un árbol. El búho está en el bosque.

Un bicho se arrastra en el **tronco** de un árbol. El bicho está en el bosque.

Los bichos comen **hojas** de los árboles.

Un venado descansa debajo de un árbol

El venado está en el bosque.

Los **excursionistas** arman una carpa debajo de un árbol.

Los excursionistas están en el bosque.

El oso está en el bosque.

¡Cuidado, excursionistas!

¿Encontraste estas palabras?

Hay muchos árboles en el **bosque.**

Los **excursionistas** arman una carpa debajo de un árbol.

Los bichos comen **hojas** de los árboles.

Un bicho se arrastra en el **tronco** de un árbol.

Glosario fotográfico

bosque: área con muchos árboles.

excursionistas: personas que permanecen al aire libre durante la noche.

hojas: estructuras planas que crecen de las ramas de un árbol.

tronco: la parte gruesa y principal de un árbol.

Índice analítico

Sobre la autora

Michelle García Andersen vive en el sur de Oregón, un lugar hermoso rodeado de bosques. Cuando Michelle no está escribiendo, a menudo se la encuentra con su mochila puesta, caminando por el bosque

www.rourkeeducationalmedia.com

PHOTO CREDITS: Cover: © BrianAJackson; p. 2,10,14,15: ©evgenyatamanenko; p. 2,7,14,15: ©-slav-; p. 2,6,14,15: ©MCervenansky; p. 2,3,14,15: ©Nikada; p. 4: ©Darryl Brooks; p. 5: ©Michael Courtney; p. 8: ©Deep Desert Photography; p. 12: ©Erik Mandre.

Edición: Keli Sipperley
Diseño de la tapa: Kathy Walsh
Diseño interior: Rhea Magaro-Wallace
Traducción: Santiago Ochoa
Edición en español: Base Tres

Library of Congress PCN Data
¿Qué hay en el bosque? / Michelle García Andersen
(Yo sé)
ISBN (hard cover - spanish)(alk. paper) 978-1-73160-544-3
ISBN (soft cover - spanish) 978-1-73160-496-5
ISBN (e-Book - spanish) 978-1-73160-489-7
ISBN (e-Pub - spanish) 978-1-73160-703-4
ISBN (hard cover - english)(alk. paper) 978-1-64156-209-6
ISBN (soft cover - english) 978-1-64156-265-2
ISBN (e-Book - english) 978-1-64156-313-0
Library of Congress Control Number: 2018967489

Printed in the United States of America, North Mankato, Minnesota